FOURNIER-SARLOVÈZE

LE
CHATEAU DE RIGNY

(1286-1900)

PARIS

LE CARNET
12, rue Eblé, 12.

ÉMILE-PAUL, Éditeur
100, Faubourg-Saint-Honoré, 100.

1902

à Monsieur Germain Bapst

cordial souvenir

Jourdain [illegible]

LE

CHATEAU DE RIGNY

(1286-1900)

FOURNIER-SARLOVÈZE

LE
CHATEAU DE RIGNY

(1286-1900)

PARIS

LE CARNET
12, rue Eblé, 12.

ÉMILE-PAUL, Éditeur
100, Faubourg-Saint-Honoré, 100.

1902

LE CHATEAU DE RIGNY

(1286 - 1900)

Le goût est à la monographie : outre que notre histoire a trouvé ses maîtres, il faut convenir qu'à notre époque hâtive le lecteur s'arrêtera volontiers à feuilleter une plaquette de détail, alors qu'il n'aborderait point sans hésitation tel gros ouvrage d'ensemble.

Il est des sujets, aussi, auxquels on ne peut insuffler un peu de vie qu'à la condition de les resserrer dans un cadre étroit, et c'est le cas pour celui que nous allons traiter : sans doute, les événements dont fut témoin le château de Rigny pourraient offrir matière à de longs chapitres, mais nous avons préféré choisir quelques faits dont l'intérêt et la nouveauté nous vaudront peut-être de trouver grâce auprès de ceux qui liront ces lignes.

I

« *Pour sa fidélité, Rigny ne paye rien au Roy.* »

Telle était l'inscription qui se lisait en 1789 sur la grille du château, et il fallait la tourmente révolutionnaire pour effacer un témoignage aussi flatteur de la largesse royale, laquelle — comme on va voir — n'avait été que trop justifiée.

A quatre kilomètres en amont de Gray, sur la rive droite de

*

la Saône, se trouve le village de Rigny dont l'existence remonte à l'époque gallo-romaine et dont le nom apparaît de bonne heure dans l'histoire de la Franche-Comté (1).

Enclavé dans cette province, dépendant du duché de Bourgogne et « mouvant du Roy de France à cause de sa ville et grosse tour de Sens (2), situé sur les extrémités du royaulme », le château de Rigny était un point stratégique important : en conséquence, il devait jouer un rôle dans toutes les guerres de frontières, et, de fait, continuellement assailli, pris, rasé, reconstruit, il semble ne renaître de ses ruines que pour s'offrir à de nouveaux désastres.

Dès 891, Rigny, alors appelé Rione, est détruit par les Normands dont Charles le Gros avait autorisé l'hivernage en Bourgogne. Puis, à peine les dangers de l'ouest étaient-ils écartés, qu'une nouvelle invasion surgissait à l'est : celle des Hongrois qui passèrent le Rhin, en 947, pour envahir et saccager la Champagne et la Bourgogne (3).

Une trêve suivit pour Rigny; mais, après quelques siècles de répit, les habitants de « ce pauvre et indigent pays » connurent de nouvelles calamités. En 1286, les troupes du comte Othon IV de Bourgogne s'emparèrent du château et, parmi les prisonniers, il est fait mention d'un Jean de Rigny (4).

C'était le père du fameux Foulques de Rigny, sénéchal de Bourgogne (5), qui se mit, dès 1290, à reconstruire le château ; mais peu après commencèrent les luttes entre Philippe le Bel et les

---

(1) Rigny, aujourd'hui commune du canton d'Autrey, arrondissement de Gray (Haute-Saône). — On trouve dans les chartes : Rione, Roigney, Roigne et Rigney. — Dans un terrain appelé Rignolot, on a découvert de nombreux débris gallo-romains et, ailleurs, des pilotis et des barques taillées dans des troncs d'arbres. — Voir aussi Gatin et Besson, *Histoire de la ville de Gray*, éd. 1892, in-8°, p. 5.

(2) Extrait de la Chambre des Comptes de Paris (1528). Aveu rendu par Claude de Pontailler, à cause du trespas de feu messire Loys de Pontailler, son père, de la terre de Rigny, mouvante de Sa Majesté à cause de sa ville et grosse tour de Sens. (Archives du château de Rigny.)

(3) Roussel, *le Diocèse de Langres*, 4 vol. in-4°, t. III, p. 359.

(4) Archives du Doubs, B, 485. — A. Duchesne, *Histoire généalogique de la maison de Vergy*. Paris, 1625, in-f°, p. 227.

(5) Il acheta, en 1284, la charge de sénéchal de Bourgogne, qui resta héréditaire dans la famille jusqu'en 1388. A cette date, elle passa dans la maison de Vergy, par le mariage de Jeanne, fille de Hugues II de Rigny, avec Antoine de Vergy. — L. Gollut, *Mémoires historiques de la République séquanoise*, éd. 1846, in-8°, p. 205; et A. Duchesne, *op. cit.*, p. 227.

Vue de Gray.
Tableau de VAN DER MEULEN, gravé par BAUDOINS.

barons comtois, et Rigny fut de nouveau ruiné (1). A la suite de ces événements et considérant « les grans travaux, mésaises, griefs et dommages que ses hommes et ses gens de Rigny ont eus, soufferts et encourus de courses d'armes et de prises de leurs chevaux et de leurs biens par aucuns gens et par plusieurs personnes qui lui étoient nuisants..... » Foulques de Rigny, en 1311, affranchit ses sujets de la mainmorte (2). Philippe le Bel confirma et Charles VII étendit ces privilèges, exemptant les habitants de Rigny, « toujours fidèles et obéissants sujets du Roy de France..... de toutes tailles, aydes et subsydes et aussi des gabelles (3) ».

Nous arrivons à la guerre de Cent ans. Le petit-fils de Foulques, Hugues Ier, pour s'être allié avec Jean de Neufchâtel, s'était vu confisquer Rigny, que Philippe VI avait donné à sa femme Jeanne de Bourgogne. Mais, en récompense de ses services, Jean le Bon lui rendit son château en 1359. Bien plus, ayant été pris à la bataille de Brignais (4), Hugues reçut du Roi une donation le dédommageant des frais faits pour sa rançon (21 juin 1363) (5). Sa mort, au mois de novembre 1379, nous est rapportée par Froissart, dans le récit du siège de Termonde par les Gantois : « et là eut mort un chevalier de la partie du conté qui s'appeloit messire Hugues de Regni, Bourguignon, dont che fu damages

---

(1) Othon IV avait cédé à Philippe le Bel, par le traité de Vincennes (1295), l'administration du comté de Bourgogne, mais les barons comtois se révoltèrent contre le roi de France (1298). (V. *Art de vérifier les dates*, t. II, p. 507-508.)

(2) Mars 1399 (n. st.). Vidimus et confirmation par Charles VI de : 1° une lettre-patente de Foulques, exemptant les habitants de Rigny de toutes corvées, sauf trois qu'ils doivent trois fois l'an (janvier 1276, n. st.); 2° une lettre-patente du même les affranchissant de la main-morte (17 juin 1311); 3° une lettre-patente de Philippe le Bel confirmant ces deux actes (juin 1311). (Archives de la Haute-Saône, H, 635.)

(3) 22 décembre 1450 (copie de 1579 aux Archives de la Haute-Saône, série E). Nous avons des confirmations successives de : Charles IX (février 1569), Henri III (mai 1579), Henri IV (avril 1599), Louis XIII (avril 1612), Louis XIV (novembre 1656), Louis XV (novembre 1716) et Louis XVI (mai 1775). Ces deux dernières sont aux Archives du château. Les autres, aux Archives de la Haute-Saône, série E.

(4) Duchesne, *op. cit.*, p. 228 et (preuves) 292.

Bibl. nat., Dép. des mss., *Collection Bourgogne*, vol. 23, f° 119. L'acte dit « Brenay » — sans doute est-ce la bataille de Brignais (près Lyon) où le connétable Jacques de Bourbon fut battu par les Anglais, le 2 avril 1362.

(5) Il est encore mentionné dans un paiement « fait à des officiers estans aux gages du Roy » (juin-septembre 1364). Bibl. nat., *Collect. Bourgogne*, vol. 104, f°s 62 et 63.

et ot grant plainte, car, par son hardement e li trop abandonner, il fut ochis » (1).

Plus tard, quand la France fut divisée par les partis des Armagnacs et des Bourguignons, les seigneurs de Rigny se rangèrent sous la bannière de leur suzerain ; c'est ainsi que Antoine de Vergy — qui était devenu seigneur de Rigny par suite de son mariage avec Jeanne, fille de Hugues II — fut blessé en défendant Jean sans Peur à l'entrevue du pont de Montereau et « aussitost arrêté et détenu prisonnier en dures prisons desquelles, toutesfois, il eschappa quelque temps après (2) ».

Dans la troisième ligue contre Louis XI, Guillaume de Vergy combattit aux côtés de Charles le Téméraire ; il prit part à la journée de Morat (1446), puis, après la bataille de Nancy, il fut fait prisonnier par les Français en défendant la fille du duc de Bourgogne. Louis XI, reconnaissant ses mérites, sut se l'attacher en lui donnant tous les biens des Vergy et l'admit au nombre de ses conseillers ; mais, à l'avènement de Charles VIII, le sire de Rigny offrit ses services à Maximilien d'Autriche, qui avait épousé la fille du Téméraire, et fut chargé par l'empereur du commandement de ses troupes en Bourgogne (3).

A cette date, le domaine de Rigny passa aux Pontailler, qui le gardèrent un siècle (4) et le vendirent, en 1608, pour 25,000 l. t., au duc de Vendôme, fils naturel de Henri IV (5). Douze ans

(1) Froissart, édit. Bruxelles, 1867-77, t. IX, p. 201.

Voir des actes concernant sa veuve (21 août 1380 et 13 avril 1385), à la Bibl. nat., *Collect. Bourgogne*, vol. 25, f° 24, et vol. 53, f° 74.

(2) Duchesne, *op. cit.*, p. 228 et p. 299-301.

Antoine de Vergy, comte de Dammartin, seigneur de Champlite, Rigny, Frolois, etc., etc., chevalier de la Toison-d'Or, gouverneur de Bourgogne, de Champagne et de Brie, maréchal de France, épousa Jeanne, fille de Hugues II de Rigny, puis, en deuxièmes noces, Guillemette de Vienne. (A. Duchesne, *Histoire des rois, ducs et comtes de la maison de Bourgogne*. Paris, 1628, 2 vol. in-4°, preuves, p. 291 ; et du même, *Hist. de Vergy*, p. 299-301.)

Antoine n'ayant pas laissé de postérité, Rigny passa à son neveu Jean de Vergy, qui reçut au château les escoliers de Gray, ayant à leur tête *l'abbé de la Joyeuse-Folie*, lesquels venaient dire farces et soties (30 octobre et 1er novembre 1451). (Abbés Gatin et Besson, *op. cit.*, p. 105.)

(3) Il conserva cette charge sous l'archiduc Charles et Marguerite d'Autriche. Il avait succédé, en 1481, à Guillemette de Vergy, qui gardait le château depuis 1470. (Archives du château de Rigny.)

(4) Le premier est, en 1483, Jean de Pontailler, fils de Guillemette de Vergy et neveu de Guillaume IV. (Archives du château.)

(5) 9 février 1607. Lettre close de Henri IV à Hubert Dumelinet, procureur royal

après, Jacques Morin, seigneur du Bocage, l'achetait, à son tour, au duc de Vendôme (1).

II

Aussi bien, pourrait-on croire que la série des guerres est épuisée et que, avec le XVIIe siècle, Rigny va pouvoir connaître enfin la paix; il n'en est rien pourtant, car c'est précisément à cette époque que cette seigneurie vit les journées les plus critiques de son histoire.

Depuis longtemps déjà, les habitants de Rigny et ceux de Gray, voisins d'une lieue à peine, étaient divisés par une sourde inimitié, avivée encore des insolences et des vexations qui naissent chaque jour entre voisins dont les rapports sont par trop tendus.

Ajoutons, pour être justes, que le beau rôle ne fut pas toujours du côté de Rigny; au mois de novembre 1621, par exemple, le chevalier Du Bocage conduisit ses manants sous les murs de Gray, leur promettant victoire facile et riche butin; mais il échoua dans sa tentative et plainte fut portée contre lui au chancelier de France, qui demanda au gouverneur de Besançon de « tenir la main, comme il disoit aussy vouloir faire de son costé, afin que toute voye de faict fut empeschée (2) ». On verra plus loin de quel poids fut cette déclaration.

Au chevalier Du Bocage avait succédé, en 1627, comme seigneur de Rigny, J.-J. de Longueval, « homme d'armes de Mgr le

au bailliage de Langres, lui mandant de n'adjuger Rigny qu'à des sujets du roi de France.

29 mars 1607. Lettre close de Henri IV aux conseillers, lieutenants et autres officiers de justice du siège de Langres leur mandant de faire en sorte que Rigny soit adjugé au duc de Vendôme.

7 septembre 1607. Lettre close de Henri IV à Hubert Dumolinet lui mandant de faire ordonner que les adjudicataires de Rigny devront répondre au Roi de la sûreté de la place.

15 janvier 1608. Adjudication de la terre de Rigny par décret et après surenchères successives, pour la somme de 25,160 l. t., au profit du duc de Vendôme. (Archives du château, liasse B, cote 1.)

(1) Archives du château.

(2) Lettre de Ch. delle Faille, Bruxelles, 23 déc. 1621. Bibliothèque de Besançon, *Collection Granvelle*, II, f° 185-186. C'est ce même seigneur Du Bocage qui avait retenu assez longtemps prisonniers cinq jeunes ouvriers tailleurs de Gray, invités à travailler au château. (Abbés Gatin et Besson, *op. cit.*, 187.)

duc d'Orléans, frère du Roy et gentilhomme de sa chambre (1) », qui ne paraît pas avoir toujours justifié ce passage d'un mémoire du temps où l'on dit de lui « qu'il s'est toujours comporté avec telle modération dans le debvoir qu'il debvoit et doibt à Sa Majesté, qu'il n'a donné subject à aucuns de luy méfaire ny porter dommages en ses biens (2) ». Nous voyons, en effet, le conseil de ville de Gray porter plainte au parlement de Dôle contre le seigneur de Rigny, coupable d'avoir fait arrêter et garder trois jours en prison des bateliers convoyant du sel (6 mars 1633) (3).

D'autre part, on se rend compte aisément que Gray, ville espagnole, ne devait pas regarder sans convoitise la seigneurie française de Rigny, « une des plus belles et des plus considérables de la province de Champagne » et qui lui fermait « le passage des vivres et des marchandises par eau », en raison de sa situation « au-dessus de la rivière de Saône..., la seule navigable du comté (4) ». En résumé, Rigny, pour se servir d'une énergique expression du conseiller Pétrey de Champvans, Rigny était « une paille dans l'œil de Gray (5) ».

De tous ces ferments de discorde, un conflit plus grave devait naître fatalement à la première occasion.

« Lorsque le Roy entreprit le siège de Dôle sous la conduite de Mgr le prince de Condé, — nous rapporte un mémoire du temps (6), — la place (Rigny) fut visitée par son ordre, et ayant trouvé ce poste fort avantageux pour maintenir le pays ennemi, il commanda au sieur de Longueval de tenir bon dans son château et l'assura que s'il était assiégé, il distrayrait des troupes du siège

(1) Il avait épousé dame Marie Morin, dame Du Bocage et de Rigny. (Archives du château.)

(2) Copie collationnée d'un procès-verbal de Antoine Martin, « lieutenant ordinaire au bailliage de Rigny-sur-Saulne », du 27 juin 1636, relatant le siège et la prise de Rigny par les Graylois. (Archives du château, liasse A, cote 2.)

(3) Abbés Gatin et Besson, *op. cit.*, p. 188.

(4) Estat de la situation, de la valeur et comme estoit la terre de Rigny avant sa ruine et démolition. (Mémoire sans date. Archives du château.)

(5) Le conseiller P. de Champvans, envoyé en 1635 par la Cour d'Espagne pour organiser la défense de Gray. (V. Gatin et Besson, *op. cit.*, p. 196.) Une longue lettre de lui raconte le siège et la prise de Rigny. (V. lettres du conseiller Pétrey, in-4°, p. 32 et suiv.)

(6) Voir ci-dessus, note 2.

Le siège de Rigny.

M. de Longueval sort avec les honneurs de la guerre à la tête de ses seize domestiques.

de Dôle pour faire cesser celui de Rigny; si bien que le sieur de Longueval demeura ferme dans la résolution de s'y bien défendre. »

Mais, fort de ces promesses, Longueval acheva d'irriter les Graylois par son arrogance; une expédition fut décidée et, le 16 juin 1636, Pétrey de Champvans envoya vers Rigny une véritable petite armée.

C'était une grosse partie qu'engageait Pétrey; les assiégeants n'étaient qu'à sept lieues des troupes françaises; en cas de surprise, ils manquaient de cavalerie pour se couvrir et, d'autre part, ils ne se dissimulaient point la difficulté de surprendre une place dont on disait, au commencement du XVIIe siècle : « Un seigneur ne peut désirer davantage à sa maison pour la dire forte. »

Gros village de cent cinquante feux, sous la protection d'un château « ceint de bonnes murailles... flanquées de cinq bonnes tours », avec doubles fossés « toujours remplis des eaux de la rivière qui l'arrosent au pied », tel était à peu près l'état de Rigny, vingt ans avant le siège qu'on allait tenter.

Le récit s'en est transmis jusqu'à nous en double état, version des assiégés et version des assiégeants — dont les dires, pour être doublement intéressants, ne sont pas toujours faciles à concilier.

Nous en avons une preuve dès le début; d'après le procureur fiscal de Rigny, l'armée des assiégeants se composait de plus de deux mille trois cents hommes de pied et d'environ douze cents chevaux, commandés par les sires de Mandre, Clainchamp, Vallay et autres capitaines (1); suivant P. de Champvans, au contraire, elle ne comptait que huit à neuf cents hommes de pied avec deux pièces de canon, sous les ordres de Bonours, sergent d'armes. Chacun des chroniqueurs étant placé dans une optique particulière, il sera peut-être logique de s'arrêter au juste milieu.

Arrivés à l'entrée du village, les assiégeants firent halte et demandèrent, par un trompette envoyé au seigneur de Longueval, la remise de la place « ès mains du roi d'Espagne, comme luy

---

(1) Citons, parmi ceux-ci, le comte de Saint-Amour et le sieur d'Andelot, dont nous aurons à reparler.

estant grandement importante ». Sur le refus de Longueval, on mit le feu aux deux extrémités du pays, en même temps que l'on faisait « affûter le canon et commencer la batterie », qui tira jusqu'à la nuit.

A la faveur des ténèbres, le seigneur de Rigny tenta une sortie, mais, n'étant soutenu que de « dix arquebusiers en tout », il dut bientôt se replier et rentrer au château pour y continuer la résistance. Alors, se souvenant que le prince de Condé lui avait promis du secours « toutes et quantes fois qu'il serait attaqué, pourvu qu'il tînt seulement vingt-quatre heures après l'avertissement », il dépêcha Hugues Desvendot pour prévenir Condé de l'attaque de Rigny.

Malgré l'arrestation de ce messager par les ennemis, le bruit de l'expédition parvint à l'armée du Prince, qui détacha aussitôt douze cents chevaux sous les ordres de La Meilleraye, pour faire lever le siège. Cette cavalerie fut aperçue des Graylois comme elle allait gagner le passage de la Saône, au-dessous de Gray, près d'Apremont, et l'avant-garde seule put passer ; quant au gros de la troupe, Pétrey de Champvans le fit déloger « d'un fond où il s'était mis à couvert du canon » par les huit pièces d'artillerie établies sur les boulevards de la ville, du côté du couvent des Capucins.

Mais, comme il avait ordonné de ramener à Gray les deux pièces de campagne qui se trouvaient sous les murs de Rigny pour le cas où ses troupes eussent été obligées de faire une retraite précipitée devant l'armée de secours, Pétrey envoya le capitaine Bresson prévenir Longueval qu'il n'avait retiré les pièces de canon que pour les remplacer par de plus grosses et que, si l'on donnait un dernier assaut, « il n'y aurait plus de composition pour luy ».

Or, tandis que le capitaine Bresson s'acquittait de sa mission, M. de Moiron, chevalier de Malte, aperçut Mme de Longueval sur les remparts et, la saluant courtoisement, la supplia, « comme cavalier d'honneur », de penser à sa sûreté personnelle et à celle de sa famille, et lui montrant quelques soldats ennemis : « Regardez, lui dit-il, ces malotrus qui ne s'attendent à rien moins qu'à se jouer de vous et prenez pitié au moins de vos enfants, si vous n'en voulez prendre de vous-même ; vouloir résister davantage n'est que pure opiniâtreté de la part de M. de Longueval, et tarder une demi-heure seulement, c'est donner aux grosses pièces de batterie le temps d'arriver, après quoi, toute composition deviendra impossible et vous serez à la merci des soldats. »

« Dites de bonne grâce, — ajoute Pétrey, — ces paroles eurent tant d'effet et mirent l'épouvante en l'esprit de cette dame, de sorte que, perdant toute contenance et fondant en larmes, elle prit trois petits enfants qu'elle avait avec elle et se jeta à genoux aux pieds de son mari, lui demandant miséricorde et le priant d'avoir pitié d'elle et de ses pauvres enfants. Il ne faut pas douter que ces larmes de femme et d'enfants n'ayent un pouvoir extrême et un grand ascendant sur l'esprit d'un mari et d'un père. M. de Longueval, mû de commisération et touché de tendresse de cœur, se résolut à se départir de ses premiers et généreux desseins. Il avait fait tout ce qu'un homme de bien pouvait faire et s'était défendu fort courageusement, s'étant maintenu plus de temps qu'on ne lui avait demandé pour être secouru; et ce fut une chose étrange que, quoique l'on tirât plus de vingt volées de canon sur le secours, il n'en entendit jamais rien et ne sut point que l'on fût en chemin pour l'assister; que s'il en eût eu du vent, notre siège était levé et je pense qu'il serait encore en sa maison, prenant garde à la façon avec laquelle on s'est depuis gouverné. »

Un traité fut conclu (1), et tandis que l'armée de secours

---

(1) En voici la teneur d'après Pétrey de Champvans :

« L'on est très humblement supplié d'accorder au sieur de Longueval ce qui s'ensuit :

« Premièrement, que ledit sieur de Longueval sortira dudit chasteau, avec armes et bagages, tambour battant, mèche allumée, avec toute sa suite, et qu'il pourra tirer tous ses bestiaux qui luy appartiennent, taut chevaux, juments, vaches que moutons.

« Qu'il tirera dudit chasteau tous les meubles qui lui appartiennent.

« Que sa femme sortira avec sa fille dans son carrosse avec les femmes qui la servent.

« Que les meubles qui appartiennent aux pauvres habitants qui sont retirez au chasteau les pourront retirer et reprendre en toute seureté et que ceux qui voudront demeurer au village le pourront faire en toute seureté, sans qu'il leur soit fait aucun desplaisir et qu'ilz jouiront de ce qui leur appartient en considération de toutes leurs maisons qui ont esté bruslées.

« Que ledit sieur de Longueval et sa dite femme et ceux qui le voudront suivre seront seurement conduitz jusques au lieu de Saint-Seigne, que la présente capitulation sera exécutée de bonne foy.

« *Signé :* DE MANDRES. DE LONGUEVAL.

« J'ay approuvé, appreuve et ratifie la présente capitulation en qualité et comme ayant charge du Gouvernement de la province. PÉTREY CHAMPVANS. »

regagnait le siège de Dôle, M. de Longueval-Rigny, après six jours de siège, ayant tué cent vingt ennemis, sortait de son château avec armes et bagages, tambour battant et la mèche allumée, « à la tête de ses seize domestiques ».

A peine était-il parti que les Graylois et les gens de guerre — en dépit du traité — saccagèrent le village et le détruisirent de fond en comble. « Tout fut pillé et mis à sac, dit Pétrey, et avant que j'en fusse adverty, le feu fut mis partout »; et l'autre historien ajoute : « Ils ont brûlé et ruiné entièrement, démoli et abattu les murailles dudit château, tué plusieurs habitants, violé plusieurs femmes et filles, tué et jeté icelles dans la rivière de Saulne, tellement que ledit Rigny est entièrement désert et inhabitable. »

Mme d'Andelot accourut de Gray, accompagnée du R. P. Fagot, pour sauver les reliques vénérées dans la chapelle et les fit déposer au château de Gray (1) : ce fut tout ce qu'on put arracher au désastre.

Pendant ce temps, Longueval et les habitants de Rigny s'étaient réfugiés à Saint-Seine (2) où procès-verbal fut rédigé, devant notaire royal et avec déposition des témoins oculaires, de tous les événements qui venaient de se dérouler. Quant au seigneur de Rigny, réduit au plus déplorable état où se puisse trouver un gentilhomme de sa naissance et de son mérite, ainsi qu'il le dit dans un mémoire, il implora la libéralité du Roi. Faisant droit à sa requête, Louis XIII lui donna, par brevet du 29 septembre 1639 et « par formes de représailles », la terre de Montfalconnet, en Bresse, et celle de Mignot, en Bourgogne, dont les seigneurs, le comte de Saint-Amour et le sieur d'Andelot, avaient pris une part active au siège de Rigny (3).

Mais lorsque, après la paix (1643), les habitants de la Franche-Comté recouvrèrent leurs biens, M. de Longueval, à qui l'on

(1) La chapelle castrale de Rigny était sous le vocable de saint Almarique et les seigneurs avaient droit de collation. Ils le conservèrent durant tout le XVIIIe siècle; on en a des exemples dans les Archives du château, notamment le 2 janvier 1741, date de la nomination de Jean-Antoine Gomichon, qui en prit possession le 23 mars 1743.

(2) Saint-Seine-sur-Vingeanne, commune de Fontaine-Française, arrondissement de Dijon (Côte-d'Or).

(3) Brevet confirmé par lettres-patentes de décembre 1636. (Copie aux Archives du château, liasse A, cote 3.)

Le vestibule du Château.

(État actuel.)

rendait Rigny, dut rétrocéder Montfalconnet et Mignot à leurs anciens propriétaires. Il en appela à la justice du Roi pour se faire indemniser de ses pertes : « Le Roi, dit-il dans sa requête, seigneur immédiat de Rigny, est intéressé à ce que le fief de son vassal ne soit pas amoindri » ; de plus, le seigneur de Rigny ayant fait son devoir de vassal, le Roi doit faire son devoir de suzerain ; il ajoute que la place est importante pour la défense de la frontière et termine en disant qu'il est souverainement injuste de voir rétablir dans leurs possessions intactes ceux qui causèrent la ruine de Rigny. Or, il n'y a plus « sur les lieux » ny bois ni pierres (1) qu'il faudrait aller chercher à plus de quatre grandes lieues par charroy, avec une dépense incroyable, ce qu'il (Longueval) ne peut faire de façon quelconque, n'ayant aucuns biens en quelque lieu que ce soit, tout son bien consistant en la terre de Rigny (2) ».

Quelle fut la réponse du Roi à cet éloquent plaidoyer? Nous ne la connaissons pas, mais on doute de la prise en considération de ces demandes, si fondées pourtant, quand on voit le sieur de Billy, après avoir épousé la fille de Longueval (1665), construire un modeste château sur les ruines de l'ancienne forteresse dont on pouvait dire, un demi-siècle auparavant : « Un seigneur ne peut désirer davantage à sa maison pour la dire forte. »

III

En dépit de l'oubli de ceux pour la cause desquels ils avaient tout sacrifié, malgré la ruine de leur domaine et la pauvreté de leur demeure, les seigneurs de Rigny avaient gardé intact l'orgueil de leur titre et prétendaient conserver l'intégrité des anciens droits seigneuriaux attachés à leur fief. Même on dirait que leur exigence s'était accrue avec leur désastre.

Et l'on sourit, avec une admiration un peu émue, de voir des seigneurs tels que Claude-Humbert de Mandre, baron de l'Aigle,

(1) Ceci paraîtrait invraisemblable si l'on ne savait, d'autre part, que les pierres du château de Rigny avaient été transportées à Gray, aussitôt après le siège, pour y construire des maisons.

(2) Requête imprimée par laquelle le sieur de Longueval demande au Roi la conservation des terres de Mignot et de Montfalconnet jusqu'au rétablissement de son château. (Archives du château, liasse A, cote 2.)

le neveu de l'ancien gouverneur impérial de Besançon, donner dénombrement de la terre de Montureux, relevant du fief de Rigny (1). Et ne se croit-on pas transporté, non au XVIIe siècle, mais aux plus belles années de la féodalité, lorsqu'on lit le récit de cette reprise du fief de Montureux par Claude-Antoine Jobelot, avocat du Roi, qui appartenait à l'une des plus illustres familles de la bourgeoisie grayloise (2). Venu tout exprès de Besançon pour faire foi et hommage au seigneur de Rigny, le sieur Jobelot apprit qu'Alexandre de Billy résidait en son château de Mignot, distant de huit à dix lieues, et s'adressa à l'intendant du château, lui demandant de recevoir sa foi et hommage, aux lieu et place de son seigneur. Celui-ci refusa, objectant qu'il n'avait pas qualité pour ce faire, et le sieur Jobelot « ne laissa pas que de se mettre à genoux et de prêter le serment en tel cas acquis et mesme jeter sur la table dudit sieur Laurent, où il estoit, le dénombrement et adveu de ladite terre de Montureux, avec protestation par lui d'avoir satisfait à son devoir » (3).

A quelque temps de là, M. de Billy, revenant de Versailles où il faisait figure au grand détriment de ses maigres revenus, obligea le Jobelot à se présenter en personne pour qu'il reçût ses devoirs de vassal et — comme il n'y avait plus de pont-levis — c'est à la grille du château qu'eut lieu la cérémonie.

Vraiment, tout ceci est d'un autre âge et donne à croire que la puissance de Rigny avait dû être considérable pour que, même ruinés, les seigneurs pussent se montrer d'une telle exigence; car ce n'était pas seulement à l'égard des particuliers qu'ils agissaient de la sorte : ils ne craignaient pas de s'attaquer à des adversaires autrement redoutables, à la ville de Gray, par exemple, avec laquelle — comme on pense — la paix n'était qu'apparente.

A vrai dire, l'objet de la discussion ne paraît guère en rapport avec les termes emphatiques qui la racontent; mais qu'on y réfléchisse : si l'objet était minime en soi, il avait pour le seigneur de Rigny une signification particulière et une portée beauboup plus haute; important ou non, il représentait le Droit à

(1) 18 mars 1653. (Archives du château.)

(2) Voir les Jobelot, ds. Gatin et Besson, *op. cit.*, p. 709.

(3) 13 septembre 1681. (Archives du château.)

Armes de Montrichard.

Gravure du livre de l'illustre confrérie des chevaliers de Saint-Georges-de-Bourgogne.

défendre et cela justifie les termes employés et les voies suivies (1).

Une fois réintégré dans ses domaines après la paix, le seigneur de Longueval avait eu pour premier soin de rétablir ses anciennes prérogatives et, notamment, avait fait replanter « un poteau armorié » portant défense de passer sur la rivière dudit Rigny sans prendre part et payer les droits de péage. Or, une nuit, — exactement le 25 septembre 1661, — « par une insulte et

Pontailler.

Billy.

Morin du Bocage.

une témérité inouïe », les Graylois enlevèrent le poteau, le traînèrent « ignominieusement » par la ville et le placèrent dans un des corps de garde, tandis que, par dérision, ils envoyaient l'inscription au parlement de Dôle : M. de Billy demanda réparation, se plaignant de la « hayne irréconciliable » des habitants de Gray contre ce misérable lieu de Rigny, et le poteau armorié reprit sa place primitive.

Gérard de Mont-Saint-Léger.

Pécaud.

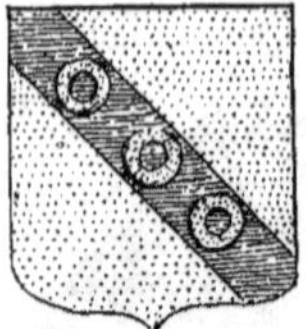
Baulard.

M. de Billy mourut quelques années plus tard, et la seigneurie de Rigny fut achetée par les Gérard, seigneurs de Mont-Saint-Léger (1690), qui la cédèrent en 1717 à J.-B. Baulard (2), avocat

---

(1) « Pour avoir réparation de justice par M. de Billy de l'enlèvement d'un posteau contenant le sommaire des défenses de naviguer sur le détroit de son territoire par la rivière de la Saône, il semble que le plus assuré moyen et la plus courte voye est de se pourveoir au *Conseil-d'en-hault* (après le 25 septembre 1661). » (Archives du château.)

(2) On trouve ailleurs ce nom écrit Bollaert. (V. contrat de mariage du 17 décembre 1787, Archives du château.) Cela donne à penser que cette famille était peut-être d'origine hollandaise.

du Roi au bailliage et siège présidial de Gray, dans la famille duquel elle est restée depuis — et si ses propriétaires ne connurent plus les horreurs des attaques à main armée, ils eurent par contre — ce qui n'est pas moins terrible — maille à partir avec la procédure et l'administration.

Que J.-B. Baulard ait laissé la réputation d'un terrible procédurier, cela n'a rien que de très naturel : pour un ancien avocat, ce devait être un agréable passe-temps que de plaider contre ses voisins de Rigny et notamment contre le sieur Decoraux qui y possédait, si on veut le croire, « un fief considérable (1) ».

Mais plus graves et d'une autre importance furent les démêlés de Mme de Pécaud (2), petite-fille de J.-B. Baulard, baron de Rigny, avec l'administration révolutionnaire. En 1791, Mme de Pécaud, qui résidait à Rigny, se vit demander par les habitants de ce pays une renonciation à tous ses droits et redevances et — quoiqu'elle eût acquiescé à ces réclamations — on renversa les murs de sa propriété sur laquelle on commit force dégâts (3).

Menacée par les habitants, elle se retira avec ses enfants à Fourgs, près Pontarlier (4), et, au mois de janvier 1792, elle envoya ses trois filles, dont l'aînée n'avait que onze ans, à Mottier-Travers, petit bourg suisse (5).

Revenue à Vesoul, elle fit lever le séquestre apposé sur ses biens, mais la loi du 28 mars 1793 annula les jugements et l'obligea par effet rétroactif à se procurer de nouvelles pièces. Elle fut arrêtée le 4 avril, emprisonnée jusqu'au 27, puis condamnée à la déportation avec ordre de passer en Suisse dans les huit jours. Elle y séjourna deux ans.

Le procureur de Gray, Antoine Bridant, servait de tuteur aux enfants pendant l'absence de leur mère, et — dans un sentiment

---

(1) Mémoire pour Me Simon Decoraux, conseiller du Roi, etc., intimé et demandeur, contre Me J.-B. Baulard, seigneur de Rigny-sur-Saône, etc. (1720-72). Bibl. nat., *Dossiers bleus*, vol. 65, n° 1572.

(2) Mr de Pécaud, son mari, mort jeune, appartenait à une ancienne famille du Jura, ainsi que l'indique le dicton suivant :

> A Arbois on y rit, on y sonne, on y boit
> Et par les riois, des Pécaulds on y voit.

(3) Toutes les pièces mentionnées ci-après sont aux Archives du château.

(4) Arrondissement et canton de Pontarlier (Doubs).

(5) Aujourd'hui Mottier; c'est là que J.-J. Rousseau écrivit ses *Lettres de la montagne*.

que nous n'apprécierons pas — il eut l'idée de les conduire auprès de Robespierre le jeune qui visitait le département en juin 1794 (1). Robespierre les accueillit d'une façon toute paternelle, les prit sur ses genoux et, leur offrant des bonbons, leur promit d'intervenir en faveur de leur mère. Cependant, les habitants de Rigny se partageaient les meubles, vendaient le château et une partie des propriétés de Mme de Pécaud!

Quand elle rentra à Vesoul (1795), le citoyen Saladin, représentant du peuple en mission, s'employa pour lui faire rendre le peu de fortune qui lui restait.

Hélas! elle n'en avait pas fini avec les vexations administratives : elle sollicita sa radiation de la liste des émigrés, mais ses papiers furent égarés dans les bureaux et ses biens séquestrés pour la troisième fois.

Enfin, le 3 messidor an IX (21 juin 1801), un arrêté du général de brigade Vergnes, préfet de la Haute-Saône, levait définitivement l'interdiction. Le siège de Rigny avait duré six jours, dix ans la procédure contre Mme de Pécaud...

Mlle de Pécaud avait épousé le marquis de Montrichard, seigneur de Visemal et de Falletans, qui possédait le château de Frontenay dans le Jura. Il appartenait à une des plus anciennes familles de la noblesse française et comptait parmi ses ancêtres Roland de Montrichard, gouverneur du jeune prince d'Orange, et Guillaume de Montrichard, chevalier de l'illustre confrérie de Saint-Georges-de-Bourgogne, gouverneur de Noseroy et qui tint une si noble place dans l'histoire de la Franche-Comté (2).

La marquise de Montrichard vécut à Rigny jusqu'en 1865, entourée du respect et de l'affection de tous ceux qui la connurent. A sa mort, une de ses filles, qui avait épousé M. Dornier, hérita du château qui appartient aujourd'hui à sa fille, Mme Fournier-Sarlovèze.

Rigny a été restauré par les propriétaires actuels, en 1894.

---

(1) Voir Gatin et Besson, *op. cit.*, p. 322 et suiv.

(2) Rougebief, *Histoire de la Franche-Comté*, 1851, in-4°.

Fournier-Sarlovèze.

APPENDICE

(ARCHIVES DE LA HAUTE-SAONE, H, 635.)

Charte de Charles VI, roi de France, vidimant et confirmant les franchises accordées aux habitants du bourg de Rigny, par Foulques, seigneur dudit lieu, en 1275 et 1311. (Mars 1398, ancien style; 1399, nouveau style.)

Carolus, Dei gratia Francorum rex, nostrum facimus, universis presentibus et futuris nos litteras vidisse formam quod sequitur continentes. « Je Fouques, sire de Rigny, faictz sçavoir à tous ceux que ces presentes lettres verront et oiront que je, pour proffict de moy et de mes hommes et pour l'amendement de mes hommes de Rigny, ay donné et donne franchise bonne, loyalle et franche à toujours mais à perpétuité tous mes hommes demeurans à Rigny, et tous ceux qui soubz moy y vouldront demeurer, de tailles et prises de ventes, de charrois, de toutes servitudes et toutes corvées, fors que de trois corvées qu'ils me doibvent trois fois l'an, c'est assçavoir en fenoisons, en moisson et vendanges, et feur que des corvées de cherrues qu'ils me doibvent trois fois l'an, c'est assçavoir en vain, en resmoy et en sombre, en telle manière qu'ils me doivent paier chacun an tousiours mais à moy et à mes hoirs pour chacun journal de vain qui sera semé de liniage ou finage dudit Rigny, douze deniers tournois ou estevenans, et pour chacun journal de vain, sombre et remisage, aussy douze deniers de cette monnaye; pour chacun journal de vigne qu'ilz ont au finage de Rigny cinq sols de cette monnaye; aussy pour chacun faux de prey qu'ils ont audit finage douze deniers, et pour chasque feu qui est et sera en ladite ville de Rigny trois solz de la monnoye de susdite et une géline à carmentraud; et lesdietz deniers tout ainsy comme elle est cy-dessus devisé payeront à chacun an à moy ou à mon commandement le jour de la festes Saint-Remy; ceste franchise ainsy comme elle est cy-dessus devisé escripte; promect-je, par ma foy donnée corporellement sur saincts évangilles pour moy et pour mes hoirs, tenir et garder fermement sans aller au contraire ny faire aller ny en raquoy ni en apert. Et veult et octroye et convient pour moy et pour les miens que ladite franchise soit bien et loyamment gardée sans rien défaillir, et pour ce que ce soit plus ferme chose et mieux stable, je leur en ai baillé cette lettre pendante scellée de mon scel. Faict et donné l'an mil deux cens soixante et quinze au mois de janvier.

Item une autre lettre. Je Foucques, sire de Rigny, seneschal de Bourgogne, faictz assçavoir à tous ceux qui, ces lettres verront que je, bien sçachant et bien advisé, regardant et considérant en bonne foy les grandz travaux, mésaizes et les griefs et dommaiges que nos hommes et mes gens de Rigny ont eus, souffertz et encourus de cours d'armes et prinses de leurs chevaux et de leurs biens par aucuns gens et par plusieurs personnes qui m'estoient nuisans pour occasion et pour mal de moy ors et à l'advenir je, pour moy et pour mes hoirs, en guerdon, en restitution ou récompensation de touctes les choses dessus dicter, donne et octroye à tousiours mais de ma bonne volonté et de ma certaine science, sans aulcune fraulde ou erreur, à tous les habitants et demeurans et à tous ceux qui habiteront et demeureront en ladite ville de Rigny qui seront de loyal mariage, et à leurs hoirs, la morte main; et veult, octroy et expressément me convient que de tous ceux qui mourront et trespasseront de ce siècle doresnavant, leurs demeurances, nul quelqu'il soit ne les pourra tenir dehors dudit lieu de nostre seigneurie; et retient pour moy et pour mes hoirs les eschoittes et les demeurances des bastards et des bastardes et de ceux qui seront de forfaict ou méfaict à moy, ils doibvent être affolés et souffrir mort ou estre dissoluz et fournigrez dudit lieu de Rigny; toutes lesquelles choses et chacune a par soy dessus dicter en la manière quelles sont cy-dessus escriptes et divisées, je prometz en bonne foy pour moy et pour mes hoirs à tenir et garder bien loyallement à tousjours sans aucune occupation, suppliant et requerant très-excellant prince notre très-cher seigneur Monsieur Philippe, par la grâce de Dieu, roy de France, et par la teneur de ces présentes lettres que par les choses dessus dicter toutes et chacunes par soy veuille louer, rattiffier et agréer et conformer par ses lettres pendantes, scellées de son scel en cire verte, et pour ce que ce soit ferme chose et stable, j'ay faict sceller ces présentes lettres de mon propre scel qui furent faictes et données à Saint-Marcellez-Paris, l'en de grâce mil trois cens unze, le jeudi après la feste Saint-Bernabé, apostre, au mois de juin.

Quas quidem litteras superius insertas ac omnia et singula in eisdem contenta rata habentes atque grata eis et sa quatenus debitæ factæ seu facta fuerint et quia ante dicti homines habitantes et commorantes in villa de Rignyo eisdem et contentis in ipsis pacifice usi sunt volumus, laudamus verifficamus et de nostra gratia speciali plenitudineque potestatis et auctoritate regiam seriem presentium confirmamus, mandamus baillivio senonencis ceterisque justiciarus nostris presentibus et futuris vel corum locatenentibus et cuilibet corumdem psout ad eam pertinuit, quatenus supradictos homines habitantes et commomorantes in villa pretacta (*sic*) nostris presentibus confirmatione et gratia uti et gaudere pacifice facient et permitant (*sic*). Et sy quid in contrarium factum vel atemptatum puerit, id ad statum pristinum et debitum reducant ant reduci facient visis presentibus in delitate. Quod ut firmum et stabile permaneat in futurum, nostrum presentibys facimus apponi sigillum, nostro in alliis et alieno in omnibus jure saloo. Datum parisius mense martio anno domini milesimo CCC nonagesimo octavo et de regny nostri decimo nouo. Per regem et rellationem consilii. Ainsi signé : Dominique.

Visa :

Je, Georges Varlin, demeurant à Gray, tabillion général de mon très redoubté et souverain seigneur Monseigneur le duc et comte de Bourgogne, sçavoir faictz à tous présens et advenir que j'ay veues, teneues, leues de mot à mot les lettres cy dessus transcriptes, scellées du grand scel en cire verte pendante en lacs de soye et scellées, collationnées au vray original, — lesquelles sont saines et entières en scel et escriptures, sans aucune fracture, rayure ou allujure dont il m'ayt apparu, et en signe de vérité j'ay prié et requis et faict mettre à ces présentes lettres de vidimus, à requeste de Jehan Viennot et Jehan Clerget, demeurant à Rigny, eux disans et portans prud'hommes et gouverneurs de ladicte ville de Rigny, le scel duquel on use à la cour et tabellionnage dudit Gray pour mondit seigneur; qui furent faictes et données le unzienne jour du mois de febvrier l'an mil quatre cens trente huit, signé Varlin, avec paraphe; et au doz est escript ce qui ensuit : Ce jourd'huy vingt-troisième jour du mois d'octobre mil cinq cens quatre-vingt-quatre, en présence du procureur du roy en l'élection de Langres et greffier en icelle, collation a été faicte des lettres de l'autre part escriptes à leurs vrays originaux en parchemin, lesditz originaux trouvés sainctz et entiers en escripture, scel, signature et sigilature, sans aucune rature ne vice, au pied desquelz originaux pend un scel de cire verte, lesquels ont été exhibez par Jehan Plieure, procureur scindicq des habitans de Rigny et a luy rendus. Faict à Langres, les an et jour susdit, signé Humbelot, P. H. Nobys, avec paraphe.

Collationné aux originaux par moy conseiller notaire et secrétaire du Roy, maison et couronne de France et de ses finances, Damont.

VERSAILLES. — IMPRIMERIE AUBERT
6, avenue de Sceaux, 6.

www.ingramcontent.com/pod-product-compliance
Lightning Source LLC
LaVergne TN
LVHW010251230826
846091LV00007B/2902

* 9 7 8 2 0 1 9 9 2 2 9 4 8 *